U0053859

is Altitude（態度決定高度），一家以商業模式營運的勵志演說公司。根據這兩個機構網頁上的資料，力克已到過69個國家，並為超過4億人宣講。他並出版了8本著作，其中多本更曾被《紐約時報》評為最高銷量書籍之一。在感情及家庭生活上，力克一如常人般，30歲結婚，並育有4名健全漂亮的子女。

力克這個特別的例子反映出，人類在遭逢巨變或困境時，除非生下來就有過人的意志力，否則持有一種信仰是最能帶出自身潛藏的心念力。要不然，一般人難以在十分不確定甚至看來是絕望的未來，自己能安然地走出一條路。情況就好像一個人要穿越茂密幽暗的叢林，若沒有過人或信仰的勇氣，是難以啟步的！但走過後回望，路畢竟還是自己行出來的。

這就是宗教的力量——這就是「信德的奧跡」！

2019年6月7日

5.6　假面人生：
哲者的揭示

古希臘哲人蘇格拉底曾經說過：「未經檢視的人生，是不值得活的。」

的而且確，人一生下來對現世的概念恍如白紙一張，給周遭的人（包括父母、朋輩）和事（包括社會文化、生活環境）慢慢地寫滿了他在世該秉持的價值觀，及雕塑出被社會認定為合規的人格與成功的準則！若沒有經過深切的自省和思考，定會給社會既有的觀念同化而不自知，以為這就是自己該有的人生！

辭別・才可尋回自我

葉先生是位剛五十出頭的成功人士，在專業會計界有頭有臉，公司內更位高權重。他已婚廿多年，並有兩名成年子女。在親朋戚友眼中的他，家庭事業兩如意！他自小在同學間已經品學兼優，自名牌大學畢業後就一直平步青雲。但有

一天，他突然就像從這個地球上消失一樣，沒有留下任何口信，同事及家人遍尋不獲後報案，警方最終發現他已離境飛往尼泊爾！

半年後他悄然回家，找律師把名下的資產全給了家人，便跟他太太道別說：「有一天我突然發現，我今生擁有的一切，原來只是他人加諸於我身上認為我該有的，我亦一直都認為是這樣，並努力朝向這些目標。但當我全然得到時，我的心竟然感覺到無比空虛。那一刻，我心內湧現莫名的徬徨和恐懼，所以我出走去一個偏遠的地方，好讓我慢慢思索及整理人生。現在我回來告訴你，我要回到尼泊爾出家為僧，去過我想要的生活。我亦只能對你說聲抱歉，但願你們好好生活，珍重！」

法國哲學家笛卡兒著名的哲學命題「我思故我在」（Cogito, ergo sum），相信不少人都接觸過。簡而言之，他推論自我的真實存在，並不是從他認為不可靠的身體感官上得知，而是因為他在思索，推論這個能夠思索的本體（即自我）是必然存在的！這是他在其著作《第一哲學沉思集》裏，用以論證自身及上帝的存在。

若借用笛卡兒這名句的「字面」意義來解說，如果「我在」是種自覺的意識，那我們必須要「我思」才成。而從不思索自我的存在，他的「我在」則只是世間加諸你身上的投影，不是真正的你。換句話說，你只是在這人生的舞台上，扮演着世人要你扮演的角色，就如同事業家庭兩得意的葉先生一樣。

覺醒‧人生才是自己

事實上，即使我們此生有幸地一如社會所認同般的成功，但假若從未檢視過自己的人生，這表面的你依然不是內心的你！只有經過深刻的沉思，你的人生才將會真實。假如你在思索過後，認為這亦是你想要的生活，但因你曾經深切地檢視過，所以你現在的「假面」人生，亦已變得「真實」！這如同佛家禪宗所說：「悟道前，見山是山，見水是水……悟道後，見山還是山，見水還是水！」雖則所見的本體相同，但因覺醒而悟境有別。

無論是東西方的哲學家或宗教家，都一致認同人生的覺醒至為寶貴。禪修與沉思是通過內心的修持及自省，以達至

覺醒的兩種截然不同的方式，雖然兩者的英文翻譯都用上Meditation這個字。簡單而言，禪修在佛家裏是以「止」及「觀」的靜思方式去轉化人的思維，而沉思則是以近乎靈修的方式作出思想上的自省。兩者均對人生的看法及精神上的狀態，可以帶來徹底的改變。

2019年6月21日

5.7　禪修與沉思

人往往容易接受外在世俗所認同的事物觀念，而很少會想過要深刻思索後才接受。生活在現今這個思想已被高度同化的社會裏，若個人的想法偏離大眾的文化共識太多，很多時就會被社會視為異類。但若毫不思索自我人生的，亦定必會在社會觀念的洪流下失去自己。

一個人的自我覺醒對其人生該是如何的重要？就如古希臘哲人蘇格拉底的名言：「未經檢視的人生，是不值得活的。」禪修與沉思，雖然分別為東西方宗哲界裏，用以達至覺醒的兩個截然不同的方式，但兩者對人生的看法及精神上的狀態，均可以帶來徹徹底底的改變。

沉思默禱

沉思是西方宗教用於內心靈修的一種方式，基督教的沉思是明確思考上帝和祂所創造的萬物的關係。例如，《聖詠第

77:7章節》中：「我的心靈夜間默默自問，我的神魂時時沉思質詢。」一般而言，基督教的靈修祈禱主要分為「默想」與「默觀」。默想祈禱主要是透過誦念耳熟能詳的經文及思考其含義；而默觀祈禱則是自省所發生過在自己身上的事情，並沉思上帝從中的帶領及旨意。

古時的神學家聖奧思定（St. Augustine, 354-430）就曾透過深刻的沉思去改變自己的一生。他33歲時脫離摩尼教而改信基督教，其後當上神父並最終成為主教。在他死後，天主教教廷還追封他為聖人。在他影響後世深遠的著作《懺悔錄》裏，記錄了他自我覺醒的整個思想進程及靈修經驗。聖奧思定是透過個人的認罪及懺悔，論證上帝的存在及頌揚祂的偉大。

另外，早期哲學史上有關這方面的著作，馬可・奧理略（Marcus Aurelius）所寫的《沉思錄》可算是其中的佼佼者。他是羅馬帝國黃金時代最後一個偉大的皇帝，同時也是斯多葛派（Stoicism）的哲學家。《沉思錄》是馬可大帝在出征時寫下他與自己對話的省思語錄，其中可窺見他在沉思時的思維，怎樣檢視自己的人生及與周遭的一切。

沉思確是尋找人生真諦及認清自我的入門途徑，而「沉思者」的形象亦似乎成了西方表現思維的標誌！在東方世界裏的禪修，同樣認定外在事物及世俗觀念的虛空與束縛性。人的思想行為若與世俗觀念背道而馳，又或過於執着這些觀念不放，便容易生起無邊的煩惱！佛說苦由心生，正因為人的心過於依附無常的物質世界，或太執着於塵世間飄忽不定的世俗觀。

無念心境

禪修就是要斬斷這些從心生起的念頭，達到「止」，即一種無念的心境。因念頭的寂滅，由念頭所生起的苦亦因而消失，心中就會回復安靜。但人非草木，總不成長久處於不思不念的狀態。因此，禪修中的另一修持就是「觀」，即將思維凝聚於一個內觀的物象，就如西方宗教在沉思裏思考上帝和祂所創造的萬物一樣。因應觀想的對象（例如佛菩薩、曼陀羅等）而從心中生起正念（例如無常、無我等佛家的理念），去替代原先會產生苦的念頭。

西方的沉思及東方的禪修，不但同樣可以提供讓人覺醒的思

考方法，而禪修中的「止」更可立斷苦念之生起，其作用跟沉思中的默禱如出一轍。這對心識沉淪於苦海之人確是個及時求生的浮台。止修在心理學上是一種鍛煉自我控制思維的方法，而觀修則是植入對塵世應有的正確理念。止修能立即壓抑煩惱的生起，但無法根除煩惱，所以佛家提倡「止觀雙修」。只有這樣，人才能達到完全平安寧靜的心境，亦即所謂佛的境界！

佛家認為負面情緒的出現，是由於對外境的依附與執着，但外境狀態的不常存，卻是人在情緒不穩時最易忽略的。所以，當我們心中充滿着負面情緒或苦念頭時，不妨試試「停一停，不要想！」的止修禪。即使問題未必立刻得到解決，也可以先消退容易引起錯誤行為的情緒。對很多陷於苦境而欲作出輕生或激烈行為的人，相信這或許是種自救的法門！

2019 年 7 月 5 日

5.8 虛擬的現實：
真假人生

人生是夢？古往今來的中外哲人，對於如何才是「真實」的人生，都有過不少的質疑！

古時著名的「莊周夢蝶」已經提出，人是難以區分真實與夢境的哲學論點。同樣，以名句「我思故我在」享譽西方哲學界的笛卡兒，也曾闡述過相近的觀點。即使近代公認為最權威的科學家愛因斯坦，他亦曾這樣說過：「真實僅僅只是一種幻覺，儘管它非常持久！」

因人是通過感官及意識去認知外間的世界，而通過這些「介面」所感知的東西，都有可能是真或是假的！在現今先進的數碼科技下，這種虛擬實境的技術已達幾可亂真的地步。相信在不久的將來，人類的感官對電腦所植入的虛擬場景，實再難以分辨出真假！

虛假的真實世界

多年前，有兩套荷里活的電影最能表達這種意念。其中的《廿二世紀殺人網絡》（*Matrix*）描述電腦創造出一個虛擬世界，通過接駁器連接到人的大腦中，產生人類所感知的視覺、聽覺、味覺、嗅覺、觸覺、心識等佛家視為「六根」的電子訊號，使人類大腦誤以為活在真實的世界！

另一套電影《潛行凶間》（*Inception*）則描述如何築構人工夢境，讓人的潛意識可以「活動」於虛擬的夢境當中。影片還展現了多層夢境的構建及運作，使人難以辨識自己所身處的夢境，是否只是上一層夢境裏的一個夢而已，最終難以辨別從夢中醒來時的真實世界，是否始終仍是一個夢！

事實上，在現今的真實世界裏，的確存在着這種「虛假的真實」情況！與電影情節不同的地方，在於這種虛擬的場景不是從外間的媒介如電腦等人工植入，而竟是在人腦內自發產生！美國的 *Psychology Today* 雜誌曾經報道過神經科學家 Michael Gazzaniga 在紐約市一間醫院裏，他所應診的一個頗為特殊的「病例」個案。

一名患有腦病變（即腦中某組織因感染或其他原因而受損）的女病人確實地告訴醫生，她是躺在自己的家裏，而實際上她正在醫院接受診治！醫生於是問她那如何解釋在走廊外面的電梯？她竟毫不猶豫地答道：「醫生，你真不知道我是花了多少時間及金錢才把它安裝好啊！」她說這話時顯然真確地相信這「事實」，絕非周星馳式的無厘頭回答。這位病人除了腦病變外，根本與常人無異。她只是將編造出來的解釋，自己確信為真實而已！

雖然該病人腦內所產生的虛擬實境是由於腦病變，即部分腦功能在接收感知訊號時受到「扭曲」而成。但在現實中，人類又是否能夠以某種心靈上的自我控制，即如宗教上對心的修煉，從而對大腦的活動狀況產生改變，以達到與上述病人所感受同樣的虛擬實境呢？這樣，我們豈不是可以通過自我心靈的轉化，從而改變外在的「真實」世界嗎？

境隨心轉的能力

在佛家的哲理中，早已確立這種「唯識無境」的教法及其相關的宗派。這學說指出，在真實世界中的一切物質現象（即

境），都是人的內心（即識）所變現出來的！而在人的心識以外，並無獨立、客觀的實境存在，是以有「唯識」而「無境」的說法。

因此，人若能通過禪修，將自己的心識轉化，便可改變外境！此乃佛家常說的「境隨心轉」。在那些有高僧大佛出現的故事裏，如《西遊記》，常見如來佛或觀音菩薩施展無邊法力，將幻境變現或穿梭時空等，正是佛家這種「境隨心轉」大能的立體演繹！

再者，佛說能滅一切世間苦，實是將人的心識修煉至一切皆「空」的至高境地。若心識既已空寂，因外境而所生起的一切苦，自必然會隨之泯滅。

然而，在較低的一個層次來看，上述的「境界」亦並非完全是天方夜譚！心理學已經指出，人如果在腦中重複地說一個編造出來的故事，這故事最終會植入人腦的感知介面，而變為「真實」的情況！如果一個人能把故事植入他人的腦袋裏，這人就能改變「世界」！

歷史上，其實不乏這樣的政治家或社會運動家，如邱吉爾、馬丁路德金、毛澤東等，他們都天生具有一種「轉化敍事」的能力，可以把原只在他們腦中虛撰的理想境界，通過改變（說服）他人的思維（跡近洗腦），令所敍述的轉化為事實，藉此而改變世界，改寫歷史！

2019 年 10 月 11 日

人類在面對極大的困境及苦難時，
往往在精神上需要一種倚靠
才能長久地支撐下去。

而跨越逆向命運的煎熬，
更要經歷心靈上完全的轉化，
才能回復心中的平安。

從未檢視過自己的人生，
這表面的你依然不是內心的你！
只有經過深刻的沉思，
你的人生才將會真實。

第六章

雜話　財經

6.1　反全球化·
　　　與神何干！

今場世紀的肺炎瘟疫，以迅雷之勢擴散至世界各地，令各國民眾加深原先本就對全球化的反感及疑惑，可能為經濟全球化的發展寫下終章！如果未能及時扭轉此鐘擺的局面，國際社會的融合進程或將會從此倒退。

在此之前，因全球產業跨地域轉移，造成各國在貿易不平衡方面的爭拗。另外，2008 年全球金融危機爆發後，各國實施量化寬鬆政策，帶來貧富差距惡化等問題。加上，西方國家面對大量外來移民，產生在文化及宗教上的衝突。凡此種種的事態發展，均已埋下反全球化的種子。

然而，人類數千年來的歷史進程，大致上都是朝向融合，以壯大經濟規模（economies of scale）來達至提升社會繁榮增長。由古代的村落併湊成邦，再合邦成國，繼而互相吞併，建立皇朝、帝國。及後，東西世界逐步打通，貿易往來愈益頻繁，進一步汲取在經濟上分工所產生的紅利。人類社會在

這漫長的融合過程中，朝代版圖雖則分分合合，但總的還是朝着「全球化」方向進發。

在二次大戰之後，國際組織紛紛成立，推動全球自由貿易及國際規範統一化。而中國加入世貿組織，更將產業鏈全球化推向高峰。社會融合所帶來的經濟利益相當驚人。近代最明顯的一個例子，就是中國在上個世紀末推行改革開放後，逐步融入國際社會，單計中國的得益便將13億人口從赤貧拉向成為全球第二經濟大國！

宗教促進　社會融合

無論是村、族、邦、國，以至全球的融合，不但要建基於共同得益，還要相互間存在着兼容及同理心，才能產生信任而彼此合作。人與人之間的交往如此，國與國之間的合作亦如是！但人類天性的分別心及自利行為，乃原始的生存基因。即使人性本善，但總是傾向親疏有別、敵我分明的這種二元思維。而宗教在改善人類心靈的狹隘，及在共同信仰上建立互信合作的基礎等，均對推動人類社會融合有着難以抹殺的功勞！

不論是西方的亞伯拉罕系三大神教（即猶太教、基督教、伊斯蘭教），或是東方的佛教，皆非常推崇大愛與慈悲的概念！西方神教的「愛你的鄰人」與東方佛家的「菩薩心腸」等教誨都是希望人能產生同理心。如果人每事都以大愛及慈悲之心看待，則較能從他人（或他國）的角度設身處地去理解對方，達至兼容及互惠的合作效果！這亦是各個宗教推動本身普及化發展所採取的必然途徑。然而，此種宗教的特性不但有利當權者的統治，減少國家自身的內耗紛爭，兼且有利於將帝國向外伸展，以宗教的共同信仰及兼容的心態，消弭不同邦族間的分歧。

宗教信仰雖擁有促成社會融合這個特性，但各宗教之間本身卻又難以共融！因在教義及神祇上，大家都絕不存在任何妥協的餘地。歷史上，宗教間更不乏敵視及戰爭的狀態。早前當各國還酣於全球化的共同利益時，曾試圖尋求建立普世的宗教共同體。但在融合的過程中，強大的一方往往傾向將其宗教信仰的理念及規條，加諸於其他盟友身上。例如，美國便將自身基督新教那種崇尚個人人權自由的理念，宣揚及推廣成「普世價值」！這當然有利於全球化的發展，因在同一價值觀上進行融合。然而，這更有利於美國自身在全球融合

中的影響力及領導地位。

但是，如今全球化的發展在各國「分贜」不均的衝突下，出現前所未有的危機。在各國彼此之間逐步失去相互尊重合作的情況下，利益爭拗以至貿易戰頻生，而一直以來各宗教之間的摩擦便更為突顯，例如伊斯蘭教與基督教之間的長期積怨。宗教的融和力千百年來似乎只存在同一的信仰之內，而難以跨越宗教間的鴻溝。不同的宗教觀念所產生的「文明衝突」，在全球化下因只容單一宗教的普世地位而嚴重加劇。宗教因而竟變成反全球化勢力的另類因素！

成也宗教　敗也宗教

宗教信仰所培養出的心靈寬容力，原是達至人類社會融合的重要催化劑，為此而帶來龐大的經濟利益。但宗教間根本潛在的信仰衝突，到全球化進程達到需要普世信仰的出現時，宗教間的鬥爭卻又會反過來阻礙人類社會的融合。這豈非有些「成也宗教，敗也宗教」的味兒！

2020 年 4 月 24 日

6.2　天國與財利

香港的一場瘟疫，展現了政府高層一些錯算與失據！反見社
會各階層在面對嚴重危機時，如何試圖力挽狂瀾。商業社會
一向重視利益，香港作為一個國際金融及商貿中心尤甚。但
在今次疫情中，工商界竟比官員更積極去張羅防疫用品，免
費派發給有需要的團體；而過往錙銖必較的銀行界亦更快推
出紓困措施，包括針對受重創行業的低息支援貸款，以及種
種「還息不還本」的特別安排。蓋今時今日，港人自救或許
已漸成共識，彼此同舟共濟似是更為可靠的出路！

說起來，銀行業「還息不還本」的做法，一方面確是減低了
借款人的資金支出，不至於令營運的資金流乾涸。而對銀行
而言，此做法亦只是變相將貸款期拖長一些，卻可減低客戶
因資金短缺而倒閉所造成的呆壞賬風險！貸款要付息，在商
業世界裏可說是天公地道，即使是歐洲最近的負利率情況，
也是個付息的概念。所以，從借貸營運的角度而言，「還息
不還本」是可以，但「還本不還息」則不成！然而，在天國

裏，利息這東西卻一直被視為不道德的，甚至是魔鬼的化身！

歷史上，基督教一向視金錢為一切社會罪惡的根源。收取利息這行為更是不道德的，教會亦認為是違背上帝的法律。過去，很多傑出的宗教領袖都抱持這種想法。在十六世紀曾大力反對天主教羅馬教廷用金錢換取「贖罪券」而被逐出教會，最終促成基督新教崛起的宗教改革家馬丁路德（Martin Luther），在《致基督教貴族公開書》中亦曾嚴厲批評借貸付息的做法，認為利息是魔鬼撒旦所發明的！

利息擁撒旦般魔力

然而，利息確實具有如撒旦般的強大魔力！連當代最偉大的科學家愛因斯坦（Albert Einstein）也曾這樣說過：「宇宙間最強大的力量就是複息效應，它可說是世上第八大奇蹟！」而深明這種複息效應威力的著名投資者畢非德（Warren Buffett），也是以這種複息滾雪球的投資法，而成為現今的全球首富！

基督教之所以對借貸付息以至投機味濃的金融活動顯得特別反感，除因《聖經》中的教誨外，例如《申命記》裏敍述要致力消除借貸取利的制度等等，西方經濟史上亦確曾出現過不少時刻，那些權貴或地主利用高息借貸壓榨貧苦大眾，將財富轉移至少數人的手上。英國大文豪狄更斯（Charles Dickens）就曾在他的著作《小杜麗》裏，細膩刻畫出當時窮人負債的困局這種普遍社會現象。

金融世界在及後百多年的起落循環當中，慢慢地不斷演進完善及引入監管制度，個別放債人以高利貸手段，大規模地壓榨勞苦階層的時代已一去不返，而利息的惡魔形象亦在二十世紀後期逐漸消失。事實上，商業借貸的融資活動大力推動兩次大戰後的生產及貿易經濟，創造了人類歷史上至今最富裕的時代！

在這個背景下，教會對借貸付息及其他的金融活動，慢慢地開始放下敵對的態度。而教會本身所坐擁龐大的資產，亦有不少開始投放到資本市場去收取利息。另一方面，基督徒亦開始給予金融世界較為正面的評價。在英國戴卓爾夫人執政的年代，學者艾瑟頓（John Atherton）便在其著作 *Faith in the Nation: A Christian Vision for Britain*，以基督徒的身份試圖客觀地去評論自由市場。

而曾任港人熟悉的環球金融機構滙豐集團主席葛霖（Stephen Green），在其2007年出版的《天國與財利》一書中，以其銀行家及牧師的雙重身份，竭力地為金融市場在基督教信仰裏辯護，認為信徒的責任是在生活中拓展上帝在現世的主權，包括金融市場！所以在金融市場裏打滾也可以是一種上帝的召喚！他並引述宗徒保羅在《提摩太前書》的説話，「貪財而不是金錢本身是萬惡之源！」

零息反添貧富懸殊

然而，葛霖在成書後不到一年，全球旋即陷入嚴峻的金融危機！貪婪的過度借貸活動終使一些金融機構陷入崩潰的邊緣。各國政府於是推出量化寬鬆的貨幣政策，不但將利率推至零息水平，還史無前例地將數以萬億美元計的龐大資金注入市場，以阻止經濟出現斷崖式的下陷。

意想不到的是，這個狀況竟維持達十多年之久！最終引發各

地的資產價格急劇暴漲，令沒甚資產的人（多是中下階層）陷入貧困邊緣，因其勞動所得變相大幅貶值，富有的只是持有物業證券等資產的投資者（多是富裕階層）。在此情況下，大城市裏的貧富懸殊急劇惡化，如今活在貧窮線以下的人口比例，先進城市竟遠高於落後國家！

可嘆的是，十九世紀中葉那些無良的商賈地主，以高息借貸去壓榨貧苦大眾的手法可說已不復存在；然而，到了二十一世紀的先進年代，卻換成了由政府、政客的有形之手，以低至零息的政策，間接地攫奪了中下階層辛勞賺取的錢財。

似乎，利息無論處高在低，都可能成為惡魔的利器！即使本是商業社會裏普遍不過的財利成本，怪不得在天國裏似還是容它不下！

2020 年 2 月 28 日

6.3 貧而不窮·富而不有

香港這個國際大都會,可謂包羅萬象。在這彈丸之地,貧者富者皆可「共冶一爐」!

政府剛公布的最新貧窮情況,去年本港有140.6萬貧窮人口,貧窮率上升至20.4%。這是有紀錄以來的新高,亦即大約5個港人一個窮!但不久之前,據一些國際財富媒體的統計,香港去年擁有的億萬富豪(以10億美元計)數目,仍位列全球第八,亦是排名前十位的國家和地區中唯一的城市。可見,香港億萬富豪的數目竟可敵國!

即使以只擁有百萬美元資產以上的人士計,香港的數目仍位列全球四大城市之中。以這樣貧富差距之大(不但以財富計,亦以數目計)的地方而言,能不仇富嫌窮,仍相安無事地各自努力生活,實是「香港精神」的體現!

不均不安乃港人之困

近月來社會躁動不安，富有富憂，貧有貧愁，為政者卻歸咎於貧富懸殊，造成社會嚴重撕裂。但如今雙方陣營各自貧富皆有，況且香港向來都是「不患寡而患不均，不患貧而患不安」的。如今不均、不安俱全，難怪港人愁眉深鎖。

《論語》中所言的「不均」，多指是財富分配，但經學家如朱熹等則指是政治、制度。此說不單合乎孔子當時答問此議題的背景，亦隱隱符合解釋香港當前的困境！朱熹說：「寡為民少……均謂各得其分。」只是中國歷朝議政之士，均據其所需而各自演繹此名句，故才有「平均」之說！無論如何，若同樣古語今用，套在香港過去的成功之道，則可謂不患貧窮匱乏，只患制度及機會之不均！

今次出爐的統計報告指出，18至29歲貧窮青年共有9萬多人，貧窮率為12.6%，創10年新高。報告分析，大部分新增貧窮青年是18至24歲的專上學生，七成仍然在學，部分或屬過渡性質。然而，在職青年的情況亦不見得好，25至29歲的貧窮青年當中，43.8%人是有工作的，但當中近七成是

家中唯一的經濟支柱，而因家庭成員眾多，故捉襟見肘。

著名的鋼鐵大王卡內基（Dale Carnegie）曾意味深長地說過：「一個年輕人能夠繼承到的最豐厚遺產，莫過於出身於貧窮的家庭！」他自言貧窮使自己更能體會父母的辛勞，滋生改善生活、努力上進的雄心，同時珍惜每一個向上的機會。而他就是靠着這些「遺產」，造就他成為美國當時數一數二的富豪。

在精神層面而言，卡內基對青年的「勉言」值得參考，但社會必須上下相安，有力爭上游的平等機會，這亦是為何香港往昔從不患貧，只患「不安」！但如今新增的貧窮人口，不單單是年老一輩，青年亦因社會結構改變而上游之路，在經濟不佳時多被迫「裸辭」！由於不少是家庭唯一的經濟支柱，故非全因政府盲目地所指是出於家境富裕，而容許青年工作不悅時便先行辭職。

強國是人民血汗打造

從私產角度而言，貧富確大有分別！卡內基之所以發憤脫

貧，皆因貧富差距的誘因，在一個提供公平機會的社會裏，讓他能發揮力爭上游的潛能，晉身富豪之列。但從社會的角度，不少人類共享的文明成果，往往是貧苦大眾辛勤努力的產物。不要忘記，長城是窮苦以生命建成！強國是人民以血汗打造的！

故此，佛家認為塵世間的財富在本質上皆共有，從相互布施宿業得來，只因「現緣」而個別「暫存」於你之手。有云萬般帶不走，生時用不着的，終究不是你的！佛家重「布施」，視之為能達覺悟佛境的六波羅蜜之一。因此舉不但體現佛家「無我」的精神，在社會功能上亦是共享經濟的先驅！

閣下不妨走訪一些財富比你少一大截的朋友，問問他們人生中的體驗、經歷、朋聚、親愛、悠閒、明悟、學養、幸福、自在、健康……你或許會發現他們絕不比你少。那麼，貧富懸殊在切切實實的人生裏，不是如你的銀行戶口或政府統計數字般，那麼的清楚分野！

2019 年 12 月 20 日

6.4 從心富起來

今屆諾貝爾經濟學獎的 3 位得主，均為研究通過實驗介入方式來紓解全球貧窮問題，革新了過去發展經濟學的應用研究範疇。其中的一位得獎者迪弗洛（Esther Duflo）表示，這種介入方式一直應用於發展中國家的赤貧問題，也許亦適用於富裕國家中的貧困社群。綜觀現今香港年輕一代所面對的「經濟差距」，這或可用以紓緩一些社會深層次的問題！

人類社會經過數千年的經濟發展，已趨向相當的富裕程度，但現今不少國家及地區仍然要面對解決貧窮問題！儼如諾貝爾獎委員會所指，目前全球仍有逾 7 億人口處於赤貧境況，數以百萬計兒童得不到最基本的醫療及教育。在物質上，生活於赤貧邊緣當然是種苦，但不少生活在富裕階層的，也不見得快樂了多少！

據聯合國 2019 年發表的《全球快樂指數報告》，在 156 個國家或地區當中，芬蘭、丹麥、挪威位居頭 3 位，美國只是排

名18位。前3個國家雖然富裕,但若以財富論,其人均國民
生產總值,只有挪威是稍高於美國。若以富豪數目論,跟美
國、日本甚至中國相比,則望塵莫及!顯而易見,貧困當然
不爽,但最富裕的亦非是最快樂的。

最令香港人感慨的是,台灣在全球排名中位列25,已為東
亞地區之首,竟遠遠拋離比它富裕得多的新加坡(34)、南
韓(54)、日本(58)及香港(76)。相信香港在明年的報告
中,排名將更不堪入目,甚至可能低於中國大陸(93)。當
然,聯合國的快樂衡量標準不只限於經濟表現,還有健康及
預期壽命、社會支持、政府信任度、貪腐程度、生活自由選
擇等等。縱使排名有不少爭議性,特別是快樂這些難以精確
量度的項目,但在一定程度上亦反映出快樂確實非與財富完
全掛鈎。

幸福毋須太多錢

在多年前的一個公開講座上,有講者列舉多項國際調查,顯
示當人均國內生產總值上升時,個人滿意指數亦隨之上升;
但當年收入超過一定的金額後(當年的國際平均數為6萬港

元，香港的金額相信定必高於這個數目），滿意指數則再無上升，證明幸福不需要太多錢。而且，愈多金錢有時還會帶來災難。據美國一些研究發現，贏取愈多獎金的彩票，那些「幸運兒」就愈快破產；其中七成人在中獎後 7 年內即宣告破產。因賺取財富或可帶有幸運成分，但維持財富則需要理財及自制能力。

對於大部分人來說，當累積的財富愈多，其衍生的權力及社會地位或許上升，但個人自由度必然下跌。財富與自由皆為快樂的部分重要條件。若此消彼長，僅僅富裕是不足以為人帶來幸福的生活。試問多少位高權重之人身不由己、言不由衷？多少力爭上游之人失去與親人相處的時刻？而為財反目的城中富豪更多不勝數！

當代最偉大的科學家愛因斯坦，在他獲得諾貝爾獎的一刻，正在日本住宿的酒店寫下他那著名的「快樂論」紙條，送予侍應作賞錢。該字條在兩年前公開拍賣時，以天價 1220 萬港元成交！該絕世天才所寫下的「快樂原理」，只是：「平靜簡樸的生活所帶來的幸福，遠超過在焦躁不安中所追求的成功！」真正明白成功的人，相信只有同意的份兒。

大家只要有空時靜下心來，慢慢地細想一下，在我們臨終前回顧自己的一生，想必是憶起經歷過多少的快樂、悲苦、平淡及感動時刻，總不是欣慰自己一生賺得多少錢吧！辛苦賺來的財富，若不可讓我們去做在世想做的事，那財富終究是沒甚意義，最終只會屬於他人的。

心才能擁有一切

我們這一生要積累的，正是在塵世旅途上的各種感受、體驗、閱歷等，這些在「心」中的財富，而非金錢上的富有。金錢對人而言就像空氣，沒有就一定會缺氧而死，但更多的空氣該不會令你變得怎麼樣。況且，你總不會為了多吸些空氣而生存在這世上吧！

佛雖說「一切唯心造」，而亦只有人的「心」，才能真正「擁有」這塵世間的一切。所謂「知足常樂」，就是知道人原來只吸一口氣就夠了！那我們為何還只側重累積那用不上的財富，不是該從「心」富起來嗎？

2019 年 10 月 25 日

6.5 佛說・金融

金融，似乎一向是西方資本主義的產物，乃現代經濟體系促進生產、交易及消費的重要一環，但鮮有跟視塵世為「四大皆空」的佛家拉上過關係！

雖然佛陀沒有反對財富，然出家人原則上只取生存所需，非以物質為重，崇尚精神生活上的覺醒。佛家在物質經濟方面注重施與捨、共享共有、消費最小化、以大眾（僧團）為核心等，這與資本主義的經濟概念完全背道而馳。金融的基本功能，即使非完全無用武之地，在規模上也難自成體系，這形同在馬列共產主義經濟下，金融市場亦從不成氣候！

佛理融入經濟

「倉廩實，則知禮節。衣食足，則知榮辱。」這春秋時管仲的名句不單道出治國之道，還是人類生活需求的遞升梯階！全球經濟在過去兩次的工業革命後，令現代的人類社會普遍

邁向富足，進入大規模消費性的生活模式。雖則一些落後地區因戰爭或瘟疫等而時有饑荒，但總體來說人類早已就衣食足了！當豐衣足食到過分消耗地球資源時，人類開始見到破壞生態環境的非榮是辱。除暖化及污染外，還有貧富懸殊加劇等社會問題，此或多或少都是市場經濟失效所造成。

國際社會近年體會到以生產總值最大化為目標的市場經濟模式是否能持續性地發展。經濟界亦開始發掘以精神或以快樂為本的概念學說，去替代或補足現有經濟系統的缺陷。

心理學家馬斯洛（Abraham Maslow）的需求層次理論（Maslow's hierarchy of needs）中，滿足人類物質上需求的經濟系統屬於較低層次，人類精神上自我體現的滿足則在頂級。佛家學說因而漸為經濟界注視，紛紛研究佛教經濟學的可能，即使佛家的經濟體系一時難以形成，亦探討現代經濟如何借鑑佛說價值觀。

水可載舟，亦可覆舟！金融既是促進市場經濟發展的重要工具，也可以是「制約」市場經濟發展方向的工具！例如：若生產及消費不符合某些特定的條件，它們的活動將完全得不

到市場或金融機構的融資，甚至不能接入金融交易平台。這些「不合規」的經濟活動最終只能以自營收入的資金去擴張，那麼它們的發展規模便會受到相當的抑制。

可持續性發展

近10年間，全球金融體系開始湧現大批與「佛說」概念不謀而合的可持續性金融工具（Sustainable Finance），並萌芽成獨立的市場！這些金融工具的發行必須符合一系列的條件，而大致上追隨聯合國倡議的可持續性發展目標。這目標雖然多是現今普世認同的價值，但裏面的十多項對社會經濟發展的要求，恰與佛家所說的理念相互輝映。

現行發展的可持續性金融不單止是較為盛行的綠色債券（Green Bond）及綠色貸款（Green Loan），還有更貼近佛說的社會債券（Social Bond）及可持續性債券（Sustainable Bond）。這些新興的融資工具在2018年的發行總額達到2264億美元，雖然只佔目前全球債市總額約數個百分點，但相比5年前的發行總額只有百多億美元，其增長速度確實驚人！這些融資工具所籌集的資金，其用途受到可持續性發

展中條款的相當限制，在融資成本上實難以與傳統的金融工具競爭，能有今天這樣的發展，實乃得益於國際社會漸漸認同可持續性發展的理念。

一些國際性金融機構不但致力發展可持續性金融，還在企業員工層面推行最健康人力資源系統，着重僱員對工作環境的滿足度（Well Being），包括減低工作壓力、提升精神健康、平等對待、彈性工作等，甚至提倡與佛家八正道如出一轍的「正念、正業、正語」等員工行為！

似乎，佛家的理念不但於數年間便見諸於近乎不可能發生的金融業，現今甚至開始融入跨國大企業的工作間！即使此等發展非全由佛家所引發，相信佛道中人亦樂見其成吧。

2019 年 4 月 12 日

6.6　心之經濟學

無論是人類社會或地球資源，兩者在資本主義經濟的無形之手驅馳下，愈來愈不堪因高增長所造成的負荷，令經濟繁榮的光環也掩蓋不了百病叢生的發展制度。

西方資本主義經濟進入二十一世紀後，初期因全球化（Globalization）起飛，其發展可謂達至另一個巔峰！不但令中國這個剛從赤貧邊緣爬出來的人口大國，在短短十數年間便躍居至全球第二大經濟體，全球化亦為世界帶來財富分配不均、環境污染、氣候暖化、資源過度開發、人類精神健康等不少的社會問題。並且，可以說是間接引發政治上的民粹及極端主義抬頭。

資源因物慾過度消耗

經濟全球化令生產成本持續下跌，造就低通脹、高增長的局面達20年之久。2018年，全球經濟總量估計已達85萬億美

元，較1998年中國尚未加入世貿組織之前約32萬億美元竟多出53萬億美元！若時光倒流至中國大陸剛剛開放門戶時的1979年，當時全球經濟總量只有10萬億美元。數十年間世界經濟膨脹之巨，令人咋舌！

當然，生產定必涉及「成本」，代價就是地球上的資源在這樣高速的經濟增長下必然大量消耗。即使仍未近乎殆盡，也見「禍患」叢生。

大規模生產及消費過程中的碳排放令全球暖化、海洋水位上升等問題，均已達到威脅大量地球物種的生存，觸發食物鏈斷層的憂慮。全球的科學家在不同層面都不斷發出令人憂慮的警告。然而，現今的政經實況卻是反其道而行，特別是特朗普政府的美國竟單方面退出《巴黎氣候協定》！

大量的工業廢物污染、海洋垃圾，甚至競爭性的生活步伐等，均對人類帶來龐大的身心健康損耗，但在資本經濟統計下，連相關的醫療開支也是計進國民生產總值！在各國政客追逐經濟增長以顯示其政績，這看起來是不錯的結果，但這種相比凱恩斯式的挖洞再填洞去創造就業則更為荒謬！

這些在市場經濟體制裏稱之為界外成本（Externality），特別是對跨境或跨領域的，事實證明都是難以納入市場價格機制當中。即使近年各國政府推出不同的干預價格手段或嚴限措施去大力管制排放，但過度消費及資源消耗的根本情況始終不變。在資本主義經濟下以無限的物慾需求去驅使有限的資源生產所作的假設，即使市場機制在理論上應該可以找到最大化的平衡點，但因存在界外成本，往往會令市場失效，容易造成資源過度消耗及浪費的情況。

經濟不以心安為本

另外，2008年全球金融危機爆發後，各國央行大幅減息至零或負利率，用內地所謂「大水漫灌」的貨幣政策，間接引致全球資產價格大幅上漲，令貧富懸殊加劇，造成社會階層分化和怨氣，見諸歐美各國的政治倒向或反政府暴亂頻仍。加上產業全球化令各國間的國際貿易收支不均加劇，容易令貿易保護主義抬頭，引發國際間政治上的矛盾和衝突，使世界趨向更不確定和不和諧。

也許，如佛家所言：萬法由心！可能以「心」為本，方為現

世困境的出路。雖然，近年全球金融業已經積極推動可持續
發展、綠色融資等範疇，在一定程度上與佛家的理念不謀而
合！但現代的經濟體系始終都不是以「心安」為本，而是以
「物慾」為依歸，總難免存在根本的缺陷！

近年崛起的佛教經濟學，雖然目前的發展只是初階，無論在
基礎理論或制度概念上都遠未成形，遑論對現有的經濟系統
能帶來什麼實質的改變，但千里之行，始於足下！經濟學家
E. F. Schumacher 在 1955 年出任緬甸經濟顧問期間，受佛學
影響而提出佛教經濟學（Buddhist Economics）這個嶄新的
學術領域。其後，他的著作 *Small is Beautiful* 受到西方經濟
學界和佛學研究者相當的關注。

至今，全球的學術界已舉辦過不少的研討會，探討現代經濟如
何得益於佛家的思想觀。不少學者提出新的思維及建議，將
佛家的價值觀灌注入現代經濟體系，冀推進建立「心」與「物」
相輔相成的、可持續發展的一個平衡系統。惟有如此，人類
的精神文明才能真正地融入及主宰物質生活的經濟規律！

2019 年 3 月 22 日

閣下不妨走訪一些，

財富比你少一大截的朋友，

問問他們人生中的體驗、經歷、

朋聚、親愛、悠閒、明悟、學養、

幸福、自在、健康……

你或許會發現他們絕不比你少。

那麼，貧富懸殊在切切實實的人生裏，

不是如你的銀行戶口數字般，

那麼的清楚分野！

經濟全球化為世界帶來財富分配不均、環境污染、氣候暖化、資源過度開發、人類精神健康等不少的社會問題。

現代的經濟體系始終都只是以「物慾」為依歸，故此總難免存在根本的缺陷！可能以「心」為本，方為現世困境的出路。

人生絮語

日日是好日

日子好不好，多是個人心裏的感受。以茶道中所練就日日如一的「平常」，去應對「無常」的世間。這樣，無論人生所遇的是悲是喜，都能安然處之！

人間的本來面目

人一生下來便即被周遭的環境「污染」，被教導要成為如何如何，或是被社會感染而要自己如何如何！每個人在成長的路上，慢慢地「搜集」自己在社會及家庭中要扮演的不同角色，不知不覺間便愈演愈投入，渾然忘卻了自己的「本來面目」。

三千場福禍

人生中本就福禍相纏，要理解到快樂與痛苦是相對而並存的，不要試圖只擺脫痛苦，或對痛苦的日子產生怨懟，因你曾經或多或少都一定快樂過！心態上，若能「無怨無悔」這苦樂人生！那麼，雖則你的命運依然福禍相纏，但心或能安然處之。

苦樂無間·放下有時

人生路上的一切，無論是甜是苦，若是在心裏面「拿得」太久，就會變成精神上的負擔。而抓得愈緊，心就愈苦。有時，我們只是這樣地一直拿着拿着，竟忘記了是可以將它放下的。

若有　前世今生

人在不確定和紛亂的世間中，需要一些憑藉或信念去面對其今生顛簸的命途。很多人問前世，就是想知今生！

一個人的人生意義

人總是活在「意義」的王國中，沒有人能夠離開意義而生存，而這個人生的意義卻是人類自己賦予的。人是透過意義去感受及經歷一些事情，意義不在於事情「本身」，而只在於人對事情的理解及看法！

執拾・人生

執拾人生，相信最重要的還是一個「捨」字！如果一個人的心不能放下過去，就不能開展將來；不能放下成敗，就沒有下一個突破；不能放下悲傷，就沒法再有喜樂！要「能捨」才可「重拾」人生！

不負如來不負卿

人若相思能相戀，自是世間最美事！否則，寧可不見復不知，免得墮入「有情」之苦，萬劫不復。人類的心性雖經過千百年來的進化歷練，但到了今天對情苦還是奈何不了！

只願一生愛一人

回望過去，在身邊的即使仍是目前最愛之人，但也許今生中並非只此一人！多少從前愛過的，現今已成過去。如今所愛的，亦不知是否會成為將來的過去！佛說「無常」，愛情亦然！

給自己的情書

情書，儘管是寫給情人看的，但最多還是寫給自己看的！因世上總多的是寄不出的情書。再者，可以這樣說，只有自己才是最明白自己的感情！因並非所有情書的對象，均擁有一顆同樣的心靈。

給至愛的安魂曲

我們常常忘記臨終者正在喪失他的一切，因此臨終者怎麼可能不會悲傷。有時候你會發現，人們緊緊抓住生命，害怕放下去世，因為他們對自己過去的所作所為不能釋懷。

人生的待辦事項

人有生自有死，這是個「絕對」的事實！但我們就往往「選擇」忽略死亡，生活態度從來就好像每天都有着不盡的明天！只有死亡，或面臨死亡，人才會醒覺到自己的活着是「有限期」！

向自己說告別

喪禮，對在生者而言，除了是向亡者道別外，亦是在生者對自己這一份的感情所作出的告終。從這個角度看，可以說，喪禮倒是辦給在生者看的！

不一樣的心‧境

人總是很嚮往無邊法力，因可以將面前的困難變走！有宗教信仰的人會祈求他們的神施行奇蹟，好讓自己的困境得以解脫。其實，人本身確有扭轉乾坤的「法力」！只是人往往自己放棄施行這些「奇蹟」而已。

信德的奧跡

「信」的精神力量乃人類蘊藏於內心中一項無比的潛能。而宗教似乎是最能將人的此種能量釋放出來。每個宗教都藉着本身的信仰，從而將信徒自我擁有的「心念力」，轉化為面對逆境甚或改變人生的超凡力量！

從心富起來

我們這一生要積累的，正是在塵世旅途上的各種感受、體驗、閱歷等這些在心中的財富，而非金錢上的富有。亦只有人的「心」，才能真正「擁有」這塵世間的一切。